Collins

easy le

Vocabulary

Ages 5–7

wordsearches

```
s u d j a l b t h l
m i s e r a b l e r
d a u p r u p s e t
u p v g r l t r a x
  t g l a d y f x
w y o i j r u i g
  i o y f u l g
  d j s p z
```

How to use this book

Each wordsearch in this book contains words that will help to enhance your child's vocabulary. The supporting activity will encourage them to think about the meaning of the words. If there are any words that your child is unsure of, help them to use a dictionary to find the meaning.

- Find a quiet, comfortable place to work, away from other distractions.

- Tackle one page at a time.

- Your child should complete the activity first. They can then look for the words hidden in the grid.

- Help with reading the instructions where necessary and ensure your child understands what to do.

- The words hidden in each grid run across and down (not diagonally).

- There are no words that run backwards.

- Your child should put a ring around each word they find, rather than drawing a line through it. This makes it easier to find words that share letters.

- Help and encourage your child to check their own answers as they complete each wordsearch.

- Reward your child with plenty of praise and encouragement.

Vocabulary terms

- Verb – a word with a tense (e.g. past or present) that names an action, state or feeling.

- Noun – a word that names a person, place or thing.

- Adjective – a word that describes a person, place or thing.

- Synonym – a word similar in meaning to another word.

- Antonym – a word that is opposite in meaning to another word.

- Compound word – a single word made up from two smaller words.

- Root word – a word to which prefixes (letters added to the beginning of a word) and / or suffixes (letters added to the end of a word) can be added to modify its meaning.

ACKNOWLEDGEMENTS

Published by Collins
An imprint of HarperCollins*Publishers*
1 London Bridge Street
London SE1 9GF

© HarperCollins*Publishers* Limited 2018

ISBN 9780008275396

10 9 8 7 6 5 4

All images and illustrations are
© Shutterstock.com and
© HarperCollins*Publishers*

All rights reserved. No part of this publication may be reproduced, stored in a retrieval system, or transmitted, in any form or by any means, electronic, mechanical, photocopying, recording or otherwise, without the prior permission of Collins.

British Library Cataloguing in Publication Data

A Catalogue record for this publication is available from the British Library

Contributor: Nicola Bloom
Commissioning Editor: Michelle I'Anson
Editor and Project Manager: Rebecca Skinner
Cover Design: Sarah Duxbury
Inside Concept Design: Paul Oates
Text Design and Layout: Q2A Media
Illustrations: Jenny Tulip
Production: Lyndsey Rogers
Printed in Great Britain by Martins the Printers

Colours

Draw a ring around each colour word used as an adjective.

The sleek, black bird sat on a gnarled branch.

A dazzling white light was shining through the green leaves.

She has red and orange highlights in her long, brown hair.

The shop's sign was a blue symbol on a yellow background.

Now find the colour words hidden in the grid.

l	s	i	h	r	i	o	z	a	e
r	w	d	y	e	l	l	o	w	r
t	n	q	o	d	d	s	r	x	a
a	t	b	r	o	w	n	a	r	a
l	s	l	g	r	e	e	n	l	o
i	n	a	k	i	t	c	g	c	i
u	g	c	w	h	i	t	e	e	f
r	q	k	i	a	j	a	j	w	r
t	d	u	o	r	h	g	t	c	l
e	b	l	u	e	s	s	a	v	t

Baby animals

Find and write the name of the baby next to each animal.

calf	chick	cub	foal
kid	kitten	lamb	puppy

dog _____

cat _____

horse _____

sheep _____

cow _____

hen _____

goat _____

fox _____

Now find the names of the baby animals hidden in the grid.

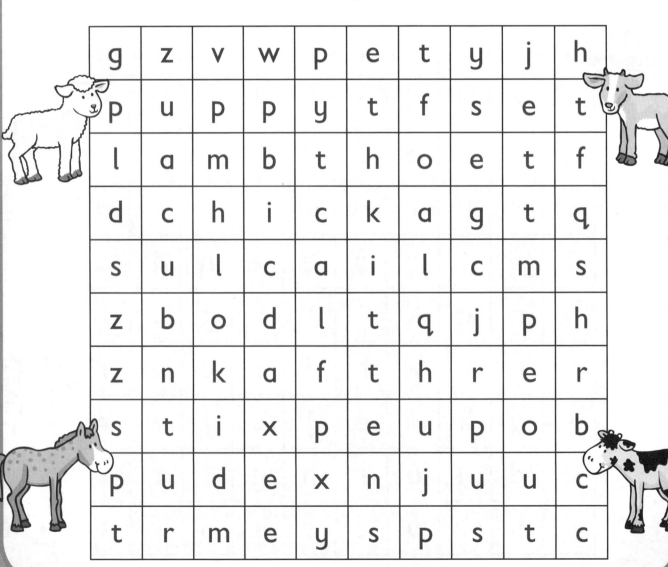

g	z	v	w	p	e	t	y	j	h
p	u	p	p	y	t	f	s	e	t
l	a	m	b	t	h	o	e	t	f
d	c	h	i	c	k	a	g	t	q
s	u	l	c	a	i	l	c	m	s
z	b	o	d	l	t	q	j	p	h
z	n	k	a	f	t	h	r	e	r
s	t	i	x	p	e	u	p	o	b
p	u	d	e	x	n	j	u	u	c
t	r	m	e	y	s	p	s	t	c

Verbs for movement

Underline all the verbs for movement in the sentences.

I let the gate swing shut behind me and stride down the road.

Dark clouds roll across the sky and there is a rush of wind.

I see a frog hop into a pond and a horse trot to its stable.

I see a deer leap into the woods and a squirrel scurry behind it.

Now find the verbs for movement hidden in the grid.

r	e	e	s	h	p	r	u	a	p
m	y	b	l	e	a	p	z	t	l
s	c	u	r	r	y	o	e	i	s
w	a	h	o	p	l	t	r	o	t
i	m	v	l	v	d	j	u	o	r
n	s	p	l	c	w	m	s	u	i
g	s	i	d	x	s	y	h	w	d
n	s	n	m	c	u	l	j	s	e
a	t	r	t	p	a	c	t	j	x
k	n	z	r	q	c	q	r	c	q

Opposites (antonyms)

Find and write the word with the opposite meaning.

| long | big | rich | down |
| dry | sad | hot | hard |

small   _____   wet   _____

up   _____   soft   _____

cold   _____   short   _____

poor   _____   happy   _____

Now find the words from the box hidden in the grid.

j	i	g	o	k	y	p	l	u	p
a	i	r	n	j	m	a	l	s	r
x	l	y	e	u	d	t	d	t	a
p	v	l	r	v	z	f	r	r	l
a	h	d	b	b	u	o	h	j	o
u	s	r	i	c	h	d	o	w	n
a	g	y	g	s	a	d	t	t	g
m	r	t	w	e	r	t	p	t	t
z	i	s	s	s	d	l	e	e	p
m	l	y	m	k	t	j	k	a	t

Types of transport

Draw a ring around each type of transport in the passage.

When we went on holiday, we caught a train to Hull. Then we got on a ferry that was so vast, you could take your motorbike, car or lorry on board! The crossing took quite a while, but it was cheaper than travelling by plane. We stayed in Amsterdam, where the locals travel by bicycle or by boat on the canals.

Now find the different types of transport hidden in the grid.

h	g	s	h	t	r	w	d	s	m
w	s	t	a	q	t	a	x	k	o
a	r	n	y	t	r	h	r	i	t
h	n	t	b	o	a	t	i	i	o
e	a	r	j	v	i	f	c	r	r
n	p	p	l	a	n	e	a	a	b
b	e	m	b	l	o	r	r	y	i
p	l	b	a	a	j	r	e	s	k
v	v	n	b	i	c	y	c	l	e
b	u	r	z	r	x	u	z	k	t

Compound words

Draw a line to split each compound word into two smaller words.

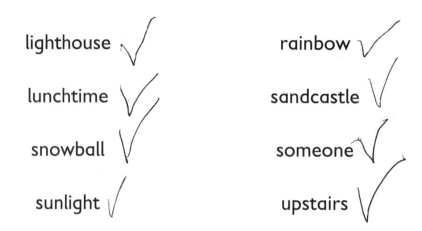

lighthouse

lunchtime

snowball

sunlight

rainbow

sandcastle

someone

upstairs

Now find all the compound words hidden in the grid.

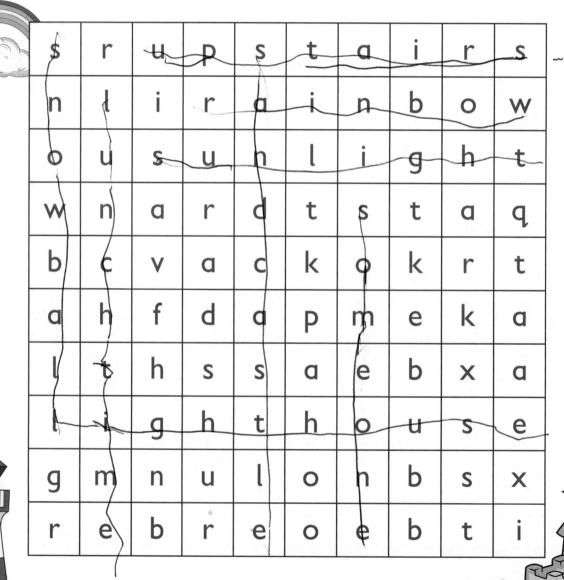

s	r	u	p	s	t	a	i	r	s
n	l	i	r	a	i	n	b	o	w
o	u	s	u	n	l	i	g	h	t
w	n	a	r	d	t	s	t	a	q
b	c	v	a	c	k	o	k	r	t
a	h	f	d	a	p	m	e	k	a
l	t	h	s	s	a	e	b	x	a
l	i	g	h	t	h	o	u	s	e
g	m	n	u	l	o	n	b	s	x
r	e	b	r	e	o	e	b	t	i

Words that describe position

Read the passage.
Look out for the words in blue, which all describe position.

It was Sports Day. The sun shone in the sky above as Harry left home. He stopped to wave to his mum who was working in her shop below their flat. Harry walked to the playing fields near school. He felt a bit nervous. Harry changed into his running shoes before the race and lined up beside his friend Vin. Mrs Green blew her whistle and the boys ran as fast as they could. It was great fun! Vin's mum bought them ice creams after the race, from the van that was parked opposite the park.

Now find the blue words hidden in the grid.

u	o	g	s	a	x	s	r	x	s
o	p	u	a	e	u	a	f	t	g
q	p	k	b	t	b	f	e	t	s
e	o	o	o	n	e	a	r	p	y
i	s	b	v	a	f	t	e	r	o
a	i	b	e	l	o	w	g	o	l
k	t	u	s	i	r	g	r	o	a
b	e	s	i	d	e	i	t	u	t
s	g	y	n	x	s	m	u	e	o
o	e	t	k	l	b	c	x	d	m

Wild animals

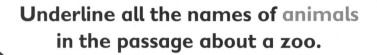

Underline all the names of animals in the passage about a zoo.

Come and visit Summerville Zoo! We have created different zones that showcase our animals in their natural habitats. On safari in the African zone, you might spot an elephant, giraffe, lion, zebra or cheetah. Trekking through the jungle zone, keep your eyes open for a gorilla, tiger or python. Experience a world of animals all in one zoo!

Now find all the names of animals hidden in the grid.

a	k	z	q	i	c	p	a	g	o
v	e	l	e	p	h	a	n	t	k
e	r	i	e	w	e	i	p	d	a
p	s	o	u	z	e	b	r	a	s
l	f	n	i	j	t	i	g	e	r
g	u	g	i	r	a	f	f	e	w
z	h	p	y	t	h	o	n	f	u
w	u	m	l	u	n	s	s	s	u
l	a	a	k	o	x	g	e	c	a
s	o	g	o	r	i	l	l	a	q

In the sea

**Look at the pictures around the grid.
Can you find the following things from the sea?**

coral   dolphin   turtle   jellyfish
octopus   seaweed   shark   whale

Now find the words hidden in the grid.

p	g	s	h	a	r	k	p	i	r
t	m	e	i	b	m	a	r	s	w
u	t	a	d	q	l	a	n	l	u
r	n	w	o	c	t	o	p	u	s
t	j	e	l	l	y	f	i	s	h
l	a	e	p	p	a	g	n	s	b
e	u	d	h	r	k	p	p	t	p
c	u	i	i	l	y	l	l	b	g
t	p	m	n	c	o	r	a	l	r
w	h	a	l	e	r	w	f	h	t

Synonyms for 'big' and 'small'

Write the words that mean the same as big or small in the correct box.

tiny   colossal   vast   enormous

miniature   undersized   huge   minute

big	small

Now find all the words you have written hidden in grid.

i	y	i	t	u	y	f	i	g	u
l	j	c	r	i	s	m	e	t	n
h	i	a	j	g	c	m	a	d	d
u	t	p	r	t	o	i	s	e	e
g	i	n	g	i	l	n	x	u	r
e	n	o	r	m	o	u	s	r	s
k	y	q	v	a	s	t	r	a	i
l	c	i	u	s	s	e	p	r	z
r	m	i	n	i	a	t	u	r	e
u	q	j	p	n	l	y	s	z	d

More compound words

Join the two words together to make a compound word.

any + one   = _____   every + where = _____

any + time   = _____   rain + drop   = _____

day + light   = _____   shoe + lace   = _____

down + stairs = _____   some + time   = _____

Now find all the compound words hidden in the grid.

t	e	s	x	r	t	m	d	s	s
h	v	t	r	c	a	a	o	t	h
d	e	t	h	y	n	u	w	h	o
a	r	e	a	n	y	o	n	e	e
y	y	e	o	w	t	s	s	h	l
l	w	g	e	s	i	p	t	e	a
i	h	d	r	o	m	t	a	a	c
g	e	s	o	m	e	t	i	m	e
h	r	r	a	i	n	d	r	o	p
t	e	x	p	w	y	f	s	a	b

Birds

The words below are all types of dog or bird.
Draw a ring around each word that is a type of bird.

eagle	spaniel	goose	penguin
terrier	pigeon	sparrow	hound
retriever	swan	magpie	seagull

 Now find the different types of bird hidden in the grid.

z	p	s	p	a	r	r	o	w	k
j	o	e	e	y	h	a	t	l	u
s	w	a	n	r	m	a	n	s	l
g	i	g	g	e	a	g	l	e	t
b	q	u	u	b	g	o	o	s	e
t	i	l	i	h	p	p	h	i	q
q	b	l	n	i	i	r	z	v	i
p	w	p	i	g	e	o	n	b	p
e	n	q	u	v	l	a	n	t	m
r	l	e	l	j	s	u	d	l	y

Describing people

Underline the adjectives used to describe people in the sentences below.

The angry customer shouted at the unhelpful shop assistant.

Horses liked Adam because he was always gentle and calm.

Mrs Malik was clever, but the sneaky conman still managed to trick her.

The pleasant and friendly librarian found me a book to read.

Now find all the words you have underlined hidden in the grid.

p	b	t	e	z	f	c	a	l	m
j	y	y	u	k	i	q	n	a	a
p	g	e	n	t	l	e	g	i	q
u	a	p	h	s	p	r	r	i	q
f	r	i	e	n	d	l	y	s	r
e	g	c	l	e	v	e	r	b	y
i	t	t	p	a	d	a	q	e	q
q	u	i	f	k	w	j	n	x	q
n	h	t	u	y	a	i	s	t	q
q	x	p	l	e	a	s	a	n	t

Root words

Both words in each pair have the same root word.
Write the root word. The first one has been done for you.

careful
careless   _____care_____

kindness
unkind   _____

cleaner
unclean   _____

sadly
sadness   _____

Now find the pairs of words hidden in the grid.

c	y	e	t	r	o	i	r	c	c
t	t	r	m	y	a	s	t	s	k
r	j	o	p	z	i	u	c	a	i
c	a	r	e	f	u	l	l	d	n
f	c	o	r	y	n	s	e	n	d
e	p	r	l	p	c	a	a	e	n
d	r	r	g	t	l	d	n	s	e
s	w	c	a	r	e	l	e	s	s
w	s	b	g	d	a	y	r	o	s
v	u	n	k	i	n	d	z	o	p

16

Synonyms for 'happy' or 'sad'

Write the words that mean the same as happy or sad in the correct box.

cheerful   glad   gloomy   jolly
joyful   miserable   upset   glum

happy	sad

Now find all the words you have written hidden in the grid.

e	k	s	l	j	n	o	q	c	t
s	u	d	j	a	l	b	t	h	l
m	i	s	e	r	a	b	l	e	r
d	a	u	p	r	u	p	s	e	t
x	u	p	v	g	r	l	t	r	a
a	a	t	g	l	a	d	y	f	x
i	c	w	y	o	i	j	r	u	i
r	u	o	j	o	y	f	u	l	g
y	g	l	u	m	d	j	s	p	z
j	o	l	l	y	x	f	o	t	m

Words with more than one meaning

Draw a line to match each blue word to a pair of descriptions.

date   fair   kind   leaves   light   right   rose   stick

a place with rides and stalls / blonde

they grow on a tree / exits

a type of fruit / the day of the year

not dark / not heavy

a sort / nice

a twig / to glue something

a direction / correct

a flower / stood up

Now find the blue words hidden in the grid.

l	l	r	o	s	e	o	k	m	t
r	i	g	h	t	p	d	o	e	a
i	g	k	r	i	z	t	u	l	a
j	h	a	q	c	t	n	t	n	a
s	t	s	u	k	i	n	d	o	f
p	o	p	s	u	x	a	a	z	a
w	e	c	f	t	r	s	t	z	x
o	l	e	a	v	e	s	e	z	t
s	s	t	i	z	i	u	o	n	y
d	s	a	r	u	y	y	o	u	p

Story words

Look at the pictures around the grid.
Can you find the following things that often appear in stories?

castle	cottage	dragon	fairy
giant	king	princess	woods

Now find the words hidden in the grid.

a	t	e	s	w	k	z	y	o	a
v	o	q	n	x	i	t	p	w	e
s	e	q	f	u	g	n	i	o	y
p	d	s	a	k	i	n	g	o	c
e	r	s	i	t	a	o	a	d	a
t	a	p	r	i	n	c	e	s	s
z	g	u	y	w	t	a	t	o	t
c	o	t	t	a	g	e	j	a	l
q	n	v	n	w	d	a	i	t	e
l	i	r	r	b	o	j	g	l	k

More root words

Both words in each pair have the same root word.
Write the root word. The first one has been done for you.

comforted
discomfort   **comfort**

unrest
resting   _____

helping
helpful   _____

painful
painless   _____

Now find the pairs of words hidden in the grid.

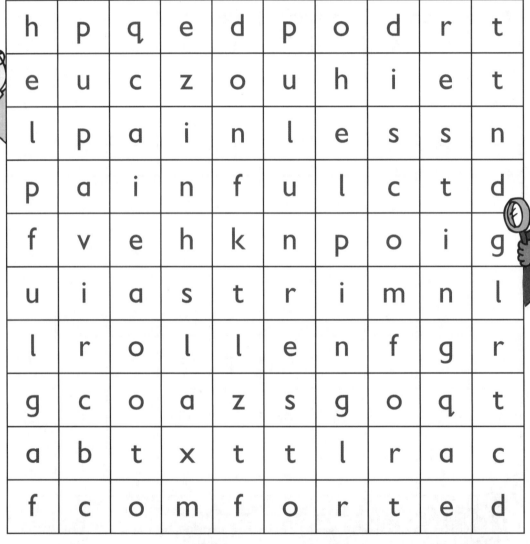

h	p	q	e	d	p	o	d	r	t
e	u	c	z	o	u	h	i	e	t
l	p	a	i	n	l	e	s	s	n
p	a	i	n	f	u	l	c	t	d
f	v	e	h	k	n	p	o	i	g
u	i	a	s	t	r	i	m	n	l
l	r	o	l	l	e	n	f	g	r
g	c	o	a	z	s	g	o	q	t
a	b	t	x	t	t	l	r	a	c
f	c	o	m	f	o	r	t	e	d

Describing food

Underline the adjectives used to describe food in each sentence.

The lemon was very juicy but it gave the dessert a bitter taste.

The bear dipped his paw in the sweet honey. It tasted delicious.

We made some toffee, which was chewy but tasty.

Caleb loves crisp lettuce but his twin sister thinks it is disgusting.

Now find the words you have underlined hidden in the grid.

v	o	r	t	d	i	f	a	f	i
o	s	w	e	e	t	n	x	n	h
b	f	j	h	l	c	v	s	s	r
o	s	z	b	i	t	t	e	r	n
o	p	l	w	c	h	e	w	y	j
u	c	p	b	i	s	j	j	r	l
m	r	a	e	o	r	w	u	u	o
d	i	s	g	u	s	t	i	n	g
r	s	t	a	s	t	y	c	v	f
a	p	g	m	c	i	t	y	y	w

In town

Draw a line to match each noun to the correct description.

crowds   office   park   pavement   road   shop   gallery   traffic

a green space

cars, lorries and bikes

people walk on this

large groups of people

where people work

things are sold here

people drive on this

art is displayed here

Now find the blue words hidden in the grid.

i	i	k	s	r	h	o	o	c	h
r	y	o	p	e	e	u	f	i	l
j	x	u	a	p	s	o	f	r	s
t	r	t	r	a	f	f	i	c	c
b	o	r	k	v	c	i	c	u	s
g	a	l	l	e	r	y	e	b	c
z	d	y	i	m	o	r	f	x	r
r	h	k	s	e	w	y	t	e	r
i	r	l	a	n	d	w	o	o	u
j	p	k	t	t	s	h	o	p	i

22

More words for describing people

Underline the adjectives used to describe people in the sentences below.

In story books, the young prince is always charming and handsome.

There is often a plain, lonely girl who becomes a beautiful princess.

She has a stepmother or sisters who are horrible and spiteful.

Now find all the words you have underlined hidden in the grid.

e	s	h	s	z	o	b	h	r	f
b	w	a	p	l	a	i	n	d	p
e	m	n	i	x	n	o	w	l	h
a	s	d	t	b	t	a	n	n	o
u	p	s	e	t	y	z	o	d	r
t	a	o	f	s	o	r	y	o	r
i	w	m	u	t	u	p	o	q	i
f	s	e	l	o	n	e	l	y	b
u	k	u	b	e	g	z	l	d	l
l	c	h	a	r	m	i	n	g	e

Minibeasts

The words below are all types of minibeast or large animal.
Draw a ring around each word that is a minibeast.

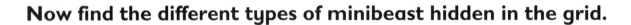

ant   elephant   beetle   whale

rhinoceros   slug   snail   woodlouse

spider   wasp   hippopotamus   worm

Now find the different types of minibeast hidden in the grid.

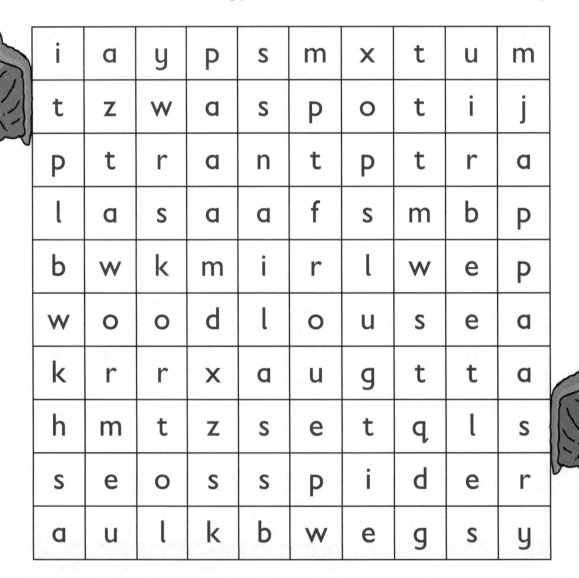

i	a	y	p	s	m	x	t	u	m
t	z	w	a	s	p	o	t	i	j
p	t	r	a	n	t	p	t	r	a
l	a	s	a	a	f	s	m	b	p
b	w	k	m	i	r	l	w	e	p
w	o	o	d	l	o	u	s	e	a
k	r	r	x	a	u	g	t	t	a
h	m	t	z	s	e	t	q	l	s
s	e	o	s	s	p	i	d	e	r
a	u	l	k	b	w	e	g	s	y

Where we live

Write the words for places in order of size, smallest first.

> planet   country   village   house
> city   county   hamlet   town

1. _____   2. _____hamlet_____   3. _____

4. _____   5. _____   6. _____county_____

7. _____   8. _____

Now find all the places hidden in the grid.

a	n	i	c	b	e	c	e	p	f
k	t	a	i	l	n	x	c	h	c
p	l	r	t	o	w	n	v	o	o
f	b	q	y	v	i	s	i	u	u
t	i	o	e	s	u	x	l	s	n
g	u	r	a	h	a	m	l	e	t
f	o	p	a	s	y	r	a	t	y
o	h	q	g	u	a	a	g	s	r
a	m	q	p	l	a	n	e	t	d
s	k	c	o	u	n	t	r	y	s

Synonyms for 'fast' and 'slow'

Write the words that mean the same as fast or slow in the correct box.

crawling   creeping   lazy   quick
rapid   sluggish   speedy   swift

fast	slow

Now find all the words you have written hidden in the grid.

u	t	u	t	s	w	i	f	t	h
i	v	r	m	q	u	i	c	k	v
p	l	a	z	y	p	u	r	o	e
e	s	p	e	e	d	y	a	i	w
p	a	i	z	a	j	a	w	r	r
k	s	d	r	h	a	v	l	y	f
s	l	s	l	u	g	g	i	s	h
j	c	r	e	e	p	i	n	g	e
y	g	m	i	e	b	i	g	o	j
t	w	b	u	z	e	y	u	b	r

More words with more than one meaning

Draw a line to match each blue word to a pair of descriptions.

ball   bank   bark   bat   chest   sink   lie   spring

where money is kept /
a raised area of ground

a flying animal / a piece of
sports equipment

part of your body /
a piece of furniture

part of a tree /
a noise made by dogs

a fib / to recline

a sphere / a dance

where you wash up / to go down

a season / a coil

Now find the blue words hidden in the grid.

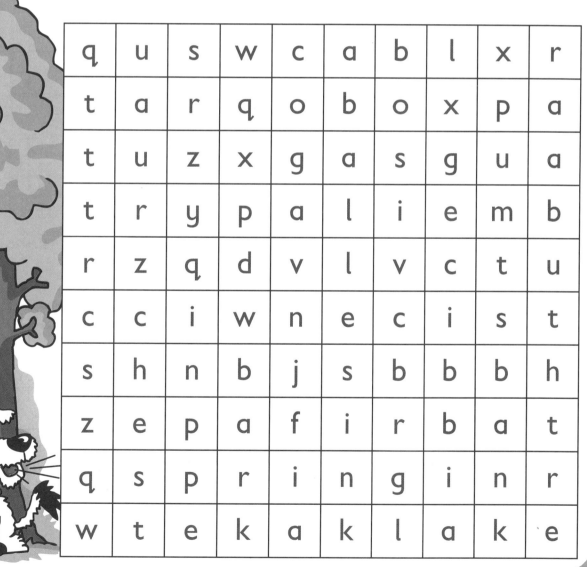

q	u	s	w	c	a	b	l	x	r
t	a	r	q	o	b	o	x	p	a
t	u	z	x	g	a	s	g	u	a
t	r	y	p	a	l	i	e	m	b
r	z	q	d	v	l	v	c	t	u
c	c	i	w	n	e	c	i	s	t
s	h	n	b	j	s	b	b	b	h
z	e	p	a	f	i	r	b	a	t
q	s	p	r	i	n	g	i	n	r
w	t	e	k	a	k	l	a	k	e

Answers

Page 3
Colours

l	s	i	h	r	i	o	z	a	e
r	w	d	y	e	l	l	o	w	r
t	n	q	o	d	d	s	r	x	a
a	t	b	r	o	w	n	a	r	a
l	s	l	g	r	e	e	n	l	o
i	n	a	k	i	t	c	g	c	i
u	g	c	w	h	i	t	e	e	f
r	q	k	i	a	j	a	j	w	r
t	d	u	o	r	h	g	t	c	l
e	b	l	u	e	s	s	a	v	t

black, white, green, red, orange, brown, blue, yellow

Page 4
Baby animals

g	z	v	w	p	e	t	y	j	h
p	u	p	p	y	t	f	s	e	t
l	a	m	b	t	h	o	e	t	f
d	c	h	i	c	k	a	g	t	q
s	u	l	c	a	i	l	c	m	s
z	b	o	d	l	t	q	j	p	h
z	n	k	a	f	t	h	r	e	r
s	t	i	x	p	e	u	p	o	b
p	u	d	e	x	n	j	u	u	c
t	r	m	e	y	s	p	s	t	c

dog – puppy, cow – calf, cat – kitten, hen – chick,
horse – foal, goat – kid, sheep – lamb, fox – cub

Page 5
Verbs for movement

r	e	e	s	h	p	r	u	a	p
m	y	b	l	e	a	p	z	t	l
s	c	u	r	r	y	o	e	i	s
w	a	h	o	p	l	t	r	o	t
i	m	v	l	v	d	j	u	o	r
n	s	p	l	c	w	m	s	u	i
g	s	i	d	x	s	y	h	w	d
n	s	n	m	c	u	l	j	s	e
a	t	r	t	p	a	c	t	j	x
k	n	z	r	q	c	q	r	c	q

swing, stride, roll, rush, hop, trot, leap, scurry

Page 6
Opposites (antonyms)

j	i	g	o	k	y	p	l	u	p
a	i	r	n	j	m	a	l	s	r
x	l	y	e	u	d	t	d	t	a
p	v	l	r	v	z	f	r	r	l
a	h	d	b	b	u	o	h	j	o
u	s	r	i	c	h	d	o	w	n
a	g	y	g	s	a	d	t	t	g
m	r	t	w	e	r	t	p	t	t
z	i	s	s	s	d	l	e	e	p
m	l	y	m	k	t	j	k	a	t

small – big, wet – dry, up – down, soft – hard,
cold – hot, short – long, poor – rich, happy – sad

Page 7
Types of transport

h	g	s	h	t	r	w	d	s	m
w	s	t	a	q	t	a	x	k	o
a	r	n	y	t	r	h	r	i	t
h	n	t	b	o	a	t	i	i	o
e	a	r	j	v	i	f	c	r	r
n	p	p	l	a	n	e	a	a	b
b	e	m	b	l	o	r	r	y	i
p	l	b	a	a	j	r	e	s	k
v	v	n	b	i	c	y	c	l	e
b	u	r	z	r	x	u	z	k	t

train, ferry, motorbike, car, lorry, plane, bicycle, boat

Page 8
Compound words

s	r	u	p	s	t	a	i	r	s
n	l	i	r	a	i	n	b	o	w
o	u	s	u	n	l	i	g	h	t
w	n	a	r	d	t	s	t	a	q
b	c	v	a	c	k	o	k	r	t
a	h	f	d	a	p	m	e	k	a
l	t	h	s	s	a	e	b	x	a
l	i	g	h	t	h	o	u	s	e
g	m	n	u	l	o	n	b	s	x
r	e	b	r	e	o	e	b	t	i

light | house, rain | bow, lunch | time, sand | castle,
snow | ball, some | one, sun | light, up | stairs

Page 9
Words that describe position

u	o	g	s	a	x	s	r	x	s
o	p	u	a	e	u	a	f	t	g
q	p	k	b	t	b	f	e	t	s
e	o	o	o	n	e	a	r	p	y
i	s	b	v	a	f	t	e	r	o
a	i	b	e	l	o	w	g	o	l
k	t	u	s	i	r	g	r	o	a
b	e	s	i	d	e	i	t	u	t
s	g	y	n	x	s	m	u	e	o
o	e	t	k	l	b	c	x	d	m

above, in, below, near, before, beside, after, opposite

Page 10
Wild animals

a	k	z	q	i	c	p	a	g	o
v	e	l	e	p	h	a	n	t	k
e	r	i	e	w	e	i	p	d	a
p	s	o	u	z	e	b	r	a	s
l	f	n	i	j	t	i	g	e	r
g	u	g	i	r	a	f	f	e	w
z	h	p	y	t	h	o	n	f	u
w	u	m	l	u	n	s	s	s	u
l	a	a	k	o	x	g	e	c	a
s	o	g	o	r	i	l	l	a	q

elephant, giraffe, lion. zebra, cheetah, gorilla, tiger, python

Page 11
In the sea

p	g	s	h	a	r	k	p	i	r
t	m	e	i	b	m	a	r	s	w
u	t	a	d	q	l	a	n	l	u
r	n	w	o	c	t	o	p	u	s
t	j	e	l	l	y	f	i	s	h
l	a	e	p	p	a	g	n	s	b
e	u	d	h	r	k	p	p	t	p
c	u	i	i	l	y	l	l	b	g
t	p	m	n	c	o	r	a	l	r
w	h	a	l	e	r	w	f	h	t

Page 12
Synonyms for 'big' and 'small'

i	y	i	t	u	y	f	i	g	u
l	j	c	r	i	s	m	e	t	n
h	i	a	j	g	c	m	a	d	d
u	t	p	r	t	o	i	s	e	e
g	i	n	g	i	l	n	x	u	r
e	n	o	r	m	o	u	s	r	s
k	y	q	v	a	s	t	r	a	i
l	c	i	u	s	s	e	p	r	z
r	m	i	n	i	a	t	u	r	e
u	q	j	p	n	l	y	s	z	d

big: colossal, vast, enormous, huge
small: tiny, miniature, undersized, minute

Page 13
More compound words

t	e	s	x	r	t	m	d	s	s
h	v	t	r	c	a	a	o	t	h
d	e	t	h	y	n	u	w	h	o
a	r	e	a	n	y	o	n	e	e
y	y	e	o	w	t	s	s	h	l
l	w	g	e	s	i	p	t	e	a
i	h	d	r	o	m	t	a	a	c
g	e	s	o	m	e	t	i	m	e
h	r	r	a	i	n	d	r	o	p
t	e	x	p	w	y	f	s	a	b

anyone, everywhere, anytime, raindrop, daylight, shoelace, downstairs, sometime

Page 14
Birds

z	p	s	p	a	r	r	o	w	k
j	o	e	e	y	h	a	t	l	u
s	w	a	n	r	m	a	n	s	l
g	i	g	g	e	a	g	l	e	t
b	q	u	u	b	g	o	o	s	e
t	i	l	i	h	p	p	h	i	q
q	b	l	n	i	i	r	z	v	i
p	w	p	i	g	e	o	n	b	p
e	n	q	u	v	l	a	n	t	m
r	l	e	l	j	s	u	d	l	y

eagle, goose, penguin, pigeon, sparrow, swan, magpie, seagull

Page 15
Describing people

```
p b t e z f c a l m
j y y u k i q n a a
p g e n t l e g i q
u a p h s p r r i q
f r i e n d l y s r
e g c l e v e r b y
i t t p a d a q e q
q u i f k w j n x q
n h t u y a i s t q
q x p l e a s a n t
```

angry, unhelpful, gentle, calm, clever, sneaky, pleasant, friendly

Page 16
Root words

```
c y e t r o i r c c
t t r m y a s t s k
r j o p z i u c a i
c a r e f u l l d n
f c o r y n s e n d
e p r l p c a a e n
d r r g t l d n s e
s w c a r e l e s s
w s b g d a y r o s
v u n k i n d z o p
```

care, kind, clean, sad

Page 17
Synonyms for 'happy' and 'sad'

```
e k s l j n o q c t
s u d j a l b t h l
m i s e r a b l e r
d a u p r u p s e t
x u p v g r l t r a
a a t g l a d y f x
i c w y o i j r u i
r u o j o y f u l g
y g l u m d j s p z
j o l l y x f o t m
```

happy: cheerful, glad, jolly, joyful
sad: gloomy, miserable, upset, glum

Page 18
Words with more than one meaning

```
l l r o s e o k m t
r i g h t p d o e a
i g k r i z t u l a
j h a q c t n t n a
s t s u k i n d o f
p o p s u x a a z a
w e c f t r s t z x
o l e a v e s e z t
s s t i z i u o n y
d s a r u y y o u p
```

From left to right and top to bottom: fair, kind, leaves, stick, date, right, light, rose

Page 19
Story words

```
a t e s w k z y o a
v o q n x i t p w e
s e q f u g n i o y
p d s a k i n g o c
e r s i t a o a d c
t a p r i n c e s s
z g u y w t a t o t
c o t t a g e j a l
q n v n w d a i t e
l i r r b o j g l k
```

Page 20
More root words

```
h p q e d p o d r t
e u c z o u h i e t
l p a i n l e s s n
p a i n f u l c t d
f v e h k n p o i g
u i a s t r i m n l
l r o l l e n f g r
g c o a z s g o q t
a b t x t t l r a c
f c o m f o r t e d
```

comfort, rest, help, pain

Page 21
Describing food

v	o	r	t	d	i	f	a	f	i
o	s	w	e	e	t	n	x	n	h
b	f	j	h	l	c	v	s	s	r
o	s	z	b	i	t	t	e	r	n
o	p	l	w	c	h	e	w	y	j
u	c	p	b	i	s	j	j	r	l
m	r	a	e	o	r	w	u	u	o
d	i	s	g	u	s	t	i	n	g
r	s	t	a	s	t	y	c	v	f
a	p	g	m	c	i	t	y	y	w

juicy, bitter, sweet, delicious, chewy, tasty, crisp, disgusting

Page 22
In town

i	i	k	s	r	h	o	o	c	h
r	y	o	p	e	e	u	f	i	l
j	x	u	a	p	s	o	f	r	s
t	r	t	r	a	f	f	i	c	c
b	o	r	k	v	c	i	c	u	s
g	a	l	l	e	r	y	e	b	c
z	d	y	i	m	o	r	f	x	c
r	h	k	s	e	w	y	t	e	r
i	r	l	a	n	d	w	o	o	u
j	p	k	t	t	s	h	o	p	i

From left to right and top to bottom: park, office, traffic, shop, pavement, road, crowds, gallery

Page 23
More words for describing people

e	s	h	s	z	o	b	h	r	f
b	w	a	p	l	a	i	n	d	p
e	m	n	i	x	n	o	w	l	h
a	s	d	t	b	t	a	n	n	o
u	p	s	e	t	y	z	o	d	r
t	a	o	f	s	o	r	y	o	r
i	w	m	u	t	u	p	o	q	i
f	s	e	l	o	n	e	l	y	b
u	k	u	b	e	g	z	l	d	l
l	c	h	a	r	m	i	n	g	e

young, charming, handsome, plain, lonely, beautiful, horrible, spiteful

Page 24
Minibeasts

i	a	y	p	s	m	x	t	u	m
t	z	w	a	s	p	o	t	i	j
p	t	r	a	n	t	p	t	r	a
l	a	s	a	a	f	s	m	b	p
b	w	k	m	i	r	l	w	e	p
w	o	o	d	l	o	u	s	e	a
k	r	r	x	a	u	g	t	t	a
h	m	t	z	s	e	t	q	l	s
s	e	o	s	s	p	i	d	e	r
a	u	l	k	b	w	e	g	s	y

ant, beetle, slug, snail, woodlouse, spider, wasp, worm

Page 25
Where we live

a	n	i	c	b	e	c	e	p	f
k	t	a	i	l	n	x	c	h	c
p	l	r	t	o	w	n	v	o	o
f	b	q	y	v	i	s	i	u	u
t	i	o	e	s	u	x	l	s	n
g	u	r	a	h	a	m	l	e	t
f	o	p	a	s	y	r	a	t	y
o	h	q	g	u	a	a	g	s	r
a	m	q	p	l	a	n	e	t	d
s	k	c	o	u	n	t	r	y	s

1. house 2. hamlet 3. village 4. town 5. city
6. county 7. country 8. planet

Page 26
Synonyms for 'fast' and 'slow'

u	t	u	t	s	w	i	f	t	h
i	v	r	m	q	u	i	c	k	v
p	l	a	z	y	p	u	r	o	e
e	s	p	e	e	d	y	a	i	w
p	a	i	z	a	j	a	w	r	r
k	s	d	r	h	a	v	l	y	f
s	l	s	l	u	g	g	i	s	h
j	c	r	e	e	p	i	n	g	e
y	g	m	i	e	b	i	g	o	j
t	w	b	u	z	e	y	u	b	r

fast: quick, rapid, speedy, swift
slow: crawling, creeping, lazy, sluggish

More words with more than one meaning

q	u	s	w	c	a	b	l	x	r
t	a	r	q	o	b	o	x	p	a
t	u	z	x	g	a	s	g	u	a
t	r	y	p	a	l	i	e	m	b
r	z	q	d	v	l	v	c	t	u
c	c	i	w	n	e	c	i	s	t
s	h	n	b	j	s	b	b	b	h
z	e	p	a	f	i	r	b	a	t
q	s	p	r	i	n	g	i	n	r
w	t	e	k	a	k	l	a	k	e

From left to right and top to bottom: bank, bat, chest, bark, lie, ball, sink, spring